LETTRE

À

M. STAPFER,

PAR LE BARON MASSIAS.

Prix : 1 franc.

PARIS.
IMPRIMERIE DE FIRMIN DIDOT,
RUE JACOB, N° 24.

1827

R

LETTRE

A

M. STAPFER,

SUR LE SYSTÈME DE KANT,

ET

SUR LE PROBLÈME DE L'ESPRIT HUMAIN.

PAR LE BARON MASSIAS.

PARIS,
CHEZ FIRMIN DIDOT, LIBRAIRE,
RUE JACOB, N° 24.
—
1827.

IMPRIMERIE DE FIRMIN DIDOT,
rue Jacob, n° 24.

LETTRE

A M. P.-A. STAPFER,

SUR LE SYSTÈME DE KANT,

ET SUR LE PROBLÈME DE L'ESPRIT HUMAIN (1).

« NEWTON était un trop grand philosophe pour ne pas sentir que la métaphysique est la base de nos connaissances, et qu'il faut chercher dans elle des notions nettes et exactes de tout. »

D'ALEMBERT, *Encyclopédie.*
Discours préliminaire.

MONSIEUR,

J'ai lu, peut-être avec moins de plaisir dans la *Revue encyclopédique*, les éloges que vous donnez à mon livre, que la critique que vous

---

(1) Voyez dans la *Revue encyclopédique*, cahiers de janvier et février 1827, les deux articles de M. STAPFER, sur le *Problème de l'esprit humain.*

en faites. Les éloges sont trop souvent de convention et de courtoisie ; la critique annonce quelque degré d'estime pour l'ouvrage critiqué et pour son auteur. Comment ne pas être plein de reconnaissance en voyant quelqu'un d'aussi versé que vous dans les matières philosophiques, le rapporteur le plus éclairé des théories du CRITICISME, le sage et profond appréciateur de la vie et des doctrines de Socrate, rompre le silence gardé par les maîtres sur la philosophie d'un écrivain à peine connu, et avoir le courage d'y trouver quelques vérités utiles et neuves?

Vous jugez néanmoins, Monsieur, que, sans me séparer de ma nature d'auteur, et de celle surtout de faiseur d'un système, je n'ai pu approuver en entier vos critiques. J'ai besoin de vous en dire les motifs, d'autant mieux que ce sera une occasion de jeter quelque jour sur la plus élevée des questions, dans laquelle est tout l'homme, et plus que l'homme.

Pour mettre quelque ordre dans cette lettre, j'essaierai de faire voir que la philosophie de Kant, jugée par vous comme celle qui jusqu'à présent offre les plus sûres garanties à la certitude, ne peut soutenir une analyse forte et impartiale, et que les principes sur lesquels elle repose sont totalement faux ou inexacts; je ferai en même temps mes efforts pour montrer que la *Philosophie des rapports de la nature à l'homme, etc.*, s'est préservée des écueils sur lesquels a échoué le sage de Kœnigsberg; que, contrairement à votre opinion, elle ne se résout pas dans un paralogisme, que les conclusions y dérivent des prémisses, et sont rigoureusement logiques et légitimes. Autant qu'il sera en moi, je m'affranchirai de tout ce qui est purement personnel et accessoire, n'ayant égard qu'aux intérêts de la plus capitale des vérités vers laquelle gravite l'esprit humain, depuis que pour la première fois il s'est replié sur lui-même.

Dans cet examen, je me servirai, pour l'énonciation des doctrines de Kant, de l'exposé que vous-même en avez donné, exposé si bien fait et si équitable, quoique d'une justice penchant plutôt vers la bienveillance que vers la sévérité. Ma critique ne diminuera en rien de mon admiration pour ce grand penseur qui a remué profondément et dans tous les sens l'esprit humain, étant persuadé, comme je le suis, qu'il faut souvent plus de force de tête, de sagacité, d'instruction et de génie pour inventer un faux système, que pour trouver et exposer la vérité. Il est temps de commencer, et de faire connaître les accusations que j'élève contre les théories du philosophe de Kœnigsberg.

PREMIÈRE INCULPATION.

KANT DONNE DES IDÉES FAUSSES ET INEXACTES DE LA SENSIBILITÉ ET DE L'INTELLIGENCE, QUI SONT TOUT L'HOMME.

« Il est piquant de voir le même homme imaginer une théorie de l'espace, qui *subjective* l'étendue, qui fait disparaître cette magnifique scène des lieux, en la transportant sur le théâtre où se forme, dans les ateliers internes, l'appareil phénoménal du monde extérieur (1). »

« Ses adversaires l'accusent d'avoir, par le prestige de son talent, porté ses sectateurs à faire violence à leur propre sentiment, à réduire ce spectacle si touchant de l'homme, cette nature si belle, cet univers si vaste, si majestueux...... à un être plus que problématique. »

---

(1) *Notice sur Kant*, page 63, par M. Stapfer.

« On ne peut nier que ces reproches ne soient en partie fondés (1). »

« Tandis que les formes de la sensibilité, unies aux catégories, vivifiées et fécondées par un X inconnu, produisent un monde phénoménique, qui nous laisse non seulement dans l'incertitude absolue de ce qui peut s'y trouver de conforme au monde en soi, mais sans aucune possibilité de pouvoir nous assurer de l'existence de quelque chose hors de nous (2). »

Il me semble, d'après cela, Monsieur, que, lorsque j'ai dit que Kant ne cessait de mettre en avant la sensibilité, tout en révoquant en doute l'existence des sens, mon assertion n'était rien moins que hasardée. Car, si l'espace n'est qu'une notion *subjective*, si l'univers n'est qu'un *Être plus que problématique*, s'il est impossible de s'assurer de *l'existence de quelque chose hors de nous*, notre organisation et nos sens ne sont qu'une fantasmagorie, une forme interne de notre activité intelligente.

---

(1) *Notice sur Kant*, page 73.
(2) *Exposition de la doctrine de Leibnitz*, note, p. 17, par M. Stapfer.

Kant établit comme principe fondamental de sa philosophie, que L'ESPRIT DE L'HOMME IMPOSE SES LOIS A LA NATURE (1), laquelle, par conséquent, est dans notre dépendance. Plus modeste, nous pensons que c'est elle qui nous fait ce que nous sommes, qu'elle impose ses lois à notre organisation et à notre pensée, et que nous ne faisons qu'une faible partie de cet infini toujours vivant, toujours agissant, qui dirige chaque chose vers sa fin et qui constitue L'ORDRE, en maintenant les diverses séries d'êtres dans leurs sphères respectives.

« Le pouvoir de connaître, ou l'organe cognitif, se compose de trois facultés distinctes, la *Sensibilité*, l'*Entendement* et la *Raison* (2). »

Le pouvoir de connaître n'est point un organe, il est *principe* intelligent; il connaît, parce qu'il est intelligent. Pour lui, être, c'est connaître; et connaître, c'est être. Les sens ne sont qu'un moyen de communication entre l'ame et l'univers, et, dans notre système, la sensibilité n'est que le rapport, le pont de communication entre l'activité intelligente

---

(1) *Notice sur Kant*, page 11.
(2) *Idem*, page 36.

individuelle, et l'activité intelligente universelle. L'*Entendement*, la *Raison* (1), la *Volonté* elle-même, ne sont que l'intelligence considérée dans ses divers modes d'agir.

La doctrine critique fait a tort naître la liberté, l'entendement et la raison de la sensibilité.

« L'*Entendement* qui forme les conceptions est la spontanéité exercée à un degré supérieur (2). »

« La *Raison* proprement dite est la spontanéité *élevée à sa plus haute puissance* (3). »

« La spontanéité est le pouvoir de rappeler cette multiplicité, ce *Varium* à l'unité (4). »

« Or, la sensibilité est composée de *réceptivité* et de spontanéité (5). » Vous voyez dès lors qu'entendement, raison, n'est que spontanéité, et que la spontanéité est inhérente à la sensibilité ; mais, comme la sensibilité est l'apanage de tous les animaux, ils seront doués d'entendement, de raison et de spontanéité, et

---

(1) La raison n'est pour nous que l'intelligence perfectionnée jugeant du vrai.
(2) *Notice sur Kant*, page 37.
(3) *Idem.*
(4) *Idem.*
(5) *Idem*, page 36.

ils sont, ou pourront devenir dialecticiens, philosophes et créatures morales.

SECONDE INCULPATION.

LES IDÉES DE KANT SUR L'ESPACE ET LE TEMPS SONT ANTIPHILOSOPHIQUES.

« Nous recevons des impressions ; ces impressions, accueillies d'abord par notre faculté de sentir, se revêtent de ses formes ; l'espace et le temps deviennent des objets étendus, des corps (1). » Des impressions qui revêtent la forme de l'espace et du temps, et qui deviennent des objets étendus, des corps !.... Je doute que la philosophie la plus aventurée ait jamais osé avancer une assertion aussi singulière, ne me permettant pas de la qualifier autrement.

Dans notre philosophie, nous avons cherché à montrer que l'espace et le temps ne sont que des abstractions synthétiques de l'étendue et de la durée. Tout corps porte en soi son étendue et son lieu. Toute créature qui a commencé, dure, date de l'instant de son existence. L'intervalle entre son commencement, son développement et sa fin, est ce que

---

(1) *Notice sur Kant*, page 40.

nous avons appelé *durée*. La prolongation indéfinie de l'étendue et de la durée a donné l'espace et le temps. En créant des corps, Dieu a nécessairement mis en eux l'étendue et la durée, et il n'a eu besoin de former ni l'espace, ni le temps.

TROISIÈME INCULPATION.

LE JUGEMENT SYNTHÉTIQUE A PRIORI QUI RENFERME EN DERNIÈRE ANALYSE TOUTE LA PHILOSOPHIE CRITIQUE (1) N'EST POINT CE QUE KANT PRÉTEND.

« Nous avons vu qu'il existe, selon Kant, des propositions par lesquelles nous attribuons aux objets extérieurs certaines manières d'être, dont l'idée ne nous est pas donnée AVEC OU PAR l'impression de ces objets (2). » . . . .
« Il y a donc addition faite à l'idée du sujet; mais le prédicat (l'attribut), élément additionnel qui ajoute à l'autre terme de la propo-

---

(1) « J'ai déja indiqué le vrai sens de l'expression qu'on peut appeler sacramentelle : *Jugement synthétique à Priori*. Elle renferme le but, l'essence et le résultat de la philosophie critique. » *Examen du problème de l'esprit humain*, par P.-A. Stapfer. Voyez la *Revue* de février 1827, p. 425.

(2) *Notice sur Kant.*

sition une qualité qui n'y était pas, nous a-t-il été fourni par l'expérience? Nullement, si les raisonnements de Kant ont de la justesse. »

« Dans les propositions suivantes : *la ligne droite est le plus court chemin d'un point à l'autre. Tous les accidents que nous apercevons et qui peuvent changer, doivent être les attributs d'une chose qui les supporte, et qui ne change pas, c'est-à-dire d'une substance.* Il y a amalgame (synthèse) d'un sujet avec un attribut ou prédicat, qui n'a été tiré ni de l'idée du sujet ni de l'expérience; et les jugements dérivés de cette combinaison sont des jugements *à Priori*, c'est-à-dire des jugements indépendants de l'expérience; des jugements dans lesquels entrent comme éléments des actes de facultés antérieurs à toute expérience, et nécessaires à sa formation (1). »

Ainsi, *dans les jugements synthétiques à Priori*, 1° on énonce des idées qui ne sont données ni AVEC ni PAR l'objet; 2° l'attribut qu'on ajoute à cet objet n'est fourni ni par l'objet ni par l'expérience. Nous allons vérifier

---

(1) *Notice sur Kant*, page 22.

ces assertions sur les deux exemples rapportés ci-dessus.

Le plus court chemin d'un point à l'autre (prédicat, attribut) est-il donné AVEC et PAR l'objet, *ligne droite?* Qui ne voit d'abord que qui dit *ligne droite*, dit : plus court chemin entre deux points ; que le plus court chemin entre deux points n'est autre que la ligne droite, que la seconde locution n'est que le développement de la première, que *l'idée de plus court chemin* est bien nécessairement dans *ligne droite*, et est donnée AVEC et PAR l'objet? Donc, en formant ce jugement, nous n'avons fait qu'énoncer ce que contenait *ligne droite;* nous n'avons fait, et cela invinciblement, par la force même des choses, que lier par la copule le sujet à son attribut le plus direct.

Tous les accidents que nous apercevons et qui peuvent changer, doivent être les attributs d'une chose qui les supporte et qui ne change pas, c'est-à-dire d'une substance. Ici le prédicat, l'attribut, est-il donné AVEC et PAR l'objet? La réponse n'est pas moins facile que dans le cas précédent : on ne peut être sans être *quelque chose*, sans avoir des qualités, ne fût-ce que la qualité d'exister. Un être qui ne serait point *quelque chose* ne serait rien ; la substance sans qualités, les qualités sans substance, impliquent contradiction; et s'il était possible, on concevrait plutôt la substance sans qualités que les qualités sans substance. *Être quelque chose* est être réalité. La substance apparaît toujours avec les qualités, l'idée de substance est toujours et nécessairement donnée AVEC et PAR les qualités.

QUATRIÈME INCULPATION.

LA PHILOSOPHIE CRITIQUE LAISSE SANS BASES LE PRINCIPE DE CAUSALITÉ.

Vous convenez vous-même, Monsieur, dans votre notice sur Kant, de la réalité de cette inculpation qui anéantit jusqu'à la possibilité d'une philosophie quelconque. « Kant, dites-vous, n'a résolu qu'une partie des objections de Hume contre la certitude du principe de causalité (1). »

Dans notre philosophie, au contraire, la loi de causalité est prouvée, en premier lieu par la conscience de notre propre action suivie de ses effets. Nous sommes sûrs que nous vou-

---

(1) *Notice sur Kant*, page 76.

lons; que notre volonté détermine des actes, puisque vouloir est agir, puisque je remue mon bras, que j'ouvre ou ferme les yeux toutes les fois que je le veux.

Cette loi, en second lieu, est, d'après nos doctrines, donnée par chaque objet extérieur. Hume en niant la liaison des faits entre eux ne nie pas l'existence des faits eux-mêmes. Or il est impossible de concevoir un fait isolé, existant de soi et ne tenant à rien. Qui dit fait, dit effet, par conséquent cause et moyen; les idées de fait, de cause, de rapport, entre la cause et l'effet, ou de moyen, sont congénères, ne peuvent apparaître l'une sans l'autre, et se représentent réciproquement. Point de perception à laquelle ne soient nécessairement liés l'objet, la qualité et leur copule. L'univers entier, la causalité absolue, nous est donné dans chaque perception. L'effort même qu'on fait pour démontrer qu'il n'y a point de causes, les prouve; car on suppose sans doute que ce qu'on dit a quelque liaison, qu'il y a déduction légitime, et que les conséquences sont renfermées dans les prémisses. La girouette animée de Bayle, désirant rester en repos, et tournant malgré elle à tous les vents, ne peut s'empêcher de croire aux causes autres qu'elle qui la maîtrisent. La même girouette s'obstinant à vouloir aller à droite tandis qu'elle est emportée à gauche, a la conscience de son action sur sa propre volonté en opposition avec les causes extérieures. Ces deux sortes de causes lui sont psychologiquement prouvées par l'expérience de son sens intime. Dans le premier cas, elle sent que les forces externes agissent en dépit de sa volonté; dans le second, elle sait que sa volonté agit malgré ces forces externes.

Sans parler de l'inconséquence perpétuelle de Kant, qui ne cesse de *raisonner* pour *prouver* que la *raison* n'a pas le droit de *prouver*, je vais maintenant parcourir rapidement les objections que vous élevez contre mon système, et que vous avez toutes réunies dans un paragraphe de l'examen que vous en avez fait. (*Revue* de février, page 421.)

« Comment un mobile matériel peut-il associer son mouvement à l'action de l'esprit?» — J'ai établi que ce n'est pas le mobile matériel avec qui nous sommes en communication, mais avec la force qui le pousse et le régit. C'est une des propositions qui reviennent le plus fréquemment dans mon livre. — « Comment l'être intelligent peut-il admettre ce mouvement dans sa propre action?» — S'il est vrai que nous obéissons à certaines lois desquelles nous dépendons, nous sommes forcés d'en admettre l'action dans notre propre activité; et qui osera nier l'existence de certaines lois qui nous régissent? — «Ici le mot de mouvement trompe, parce qu'il est pris à la fois dans son sens propre et dans son sens figuré?» — Il ne m'est jamais venu dans l'esprit, et mes livres en font foi, qu'il pût y avoir pour la volonté déplacement physique. Les choses purement intelligibles ne pouvant être présentées que sous une forme sensible, lorsque la volonté est modifiée par un désir, on est forcé de la faire *mouvoir métaphoriquement.* — «Quelque spécieuse que soit la théorie de M. le baron Massias....., nous ne pouvons y voir que le renversement de barrières infranchissables.» — S'il est vrai (ce dont nous sommes convaincus, et ce qui est un fait de toute évidence, au moins pour notre organisation) que nous fassions partie intégrante de la nature, la séparation dont vous parlez n'existe pas. Nous communiquons *immédiatement* avec l'action universelle. Ces barrières infranchissables n'existent que dans les systèmes qui ne considèrent point l'homme comme une *unité ternaire,* et qui voient en lui un être à part, ne faisant point partie réelle et véritable de l'ordre universel. — « Nous ne pouvons y voir que la violation des principes de la saine méthode expérimentale en psychologie. » — Je n'ai pas cru devoir répéter dans le *Problème de l'Esprit humain* ce que j'avais dit dans les volumes précédents, qui ne sont que l'analyse, l'appréciation des phénomènes intérieurs et extérieurs; treize tableaux synoptiques font foi de ce que je dis. — « Nous ne pouvons y voir que l'assujettissement du moi, du sujet du sens intime, aux lois qui régissent le monde des sens extérieurs. » — J'ai fait dépendre, en effet, l'organisation de l'homme, des forces et des agents naturels; j'ai soumis sa pensée aux lois universelles qui tracent sa marche et la maintiennent dans sa sphère (1), et je n'ai rendu l'homme entièrement indépendant de la nature, supérieur à elle, que dans les DÉTERMINATIONS MORALES. — « Nous n'y avons vu que le plus haut degré d'un parologisme signalé par les dialecticiens

---

(1) Ici est la source des *notions nécessaires et universelles*. Là où les impressions et les inspirations sont les mêmes, la perception ne peut qu'être la même.

grecs. » — Voici l'argumentation de tout mon livre réduite à sa plus simple expression.

Nous ne connaissons que l'intelligible. (Voyez *Problème de l'Esprit humain*, ch. 9, pag. 50.)

La connaissance de l'intelligible est identique a notre moi. (Ch. 16, pag. 256.)

Or, nous sommes surs de la réalité de notre moi. (Ch. 1.)

Donc nous sommes surs de la réalité de nos connaissances.

Quelque disposé que je sois, Monsieur, à me laisser convaincre par l'autorité de votre savoir, et persuader par l'urbanité et la bienveillance de votre critique, j'ai beau chercher en quoi pèche ce raisonnement, il me paraît en tous points exact et logique. Il ne conduit point, il est vrai, et je ne suis point assez insensé pour former une telle prétention, à la connaissance de la nature interne des choses; mais il prouve invinciblement leur existence, celle de Dieu, de l'homme et de l'univers, sujets inépuisables de recherches, d'admiration, d'adoration, de sagesse, de vraie science et de bonne philosophie.

J'ai l'honneur, Monsieur, de vous offrir

l'assurance des sentiments de ma haute considération, de ma profonde estime, et de toute ma reconnaissance.

Le Bon MASSIAS.

ON TROUVE CHEZ FIRMIN DIDOT,

DU MÊME AUTEUR :

Rapport de la Nature à l'homme et de l'homme à la Nature ; Loi de *Sensibilité,* d'*Intelligence,* de *Sociabilité,* de *Moralité,* du *Beau et du Sublime ;* de la *connaissance humaine,* 6 vol. in-8°, avec treize tableaux synoptiques, Prix : 30 francs.

Rapport de l'homme au Sacerdoce, ou Lettres à M. le Baron d'Eckstein sur les *Révélations et les Traditions primitives ;* 1 vol. in-8°, avec trois tableaux synoptiques, Prix : 3 francs.

Napoléon jugé par lui-même, ses amis et ses ennemis. 1 vol. in-8°, Prix : 5 francs.

Maximes de La Rochefoucault avec leurs Paronymes ; 1 vol. in-18, Prix : 2 francs.

Principes de Littérature, de Philosophie, de Politique, de Morale. 4 vol. in-18, Prix : 12 francs.

www.ingramcontent.com/pod-product-compliance
Lightning Source LLC
Chambersburg PA
CBHW070523050426